BEI GRIN MACHT SICH IHR WISSEN BEZAHLT

- Wir veröffentlichen Ihre Hausarbeit,
  Bachelor- und Masterarbeit

- Ihr eigenes eBook und Buch -
  weltweit in allen wichtigen Shops

- Verdienen Sie an jedem Verkauf

Jetzt bei www.GRIN.com hochladen
und kostenlos publizieren

Nicole Wollny

Empowerment in der sozialpädagogischen Familienhilfe – Voraussetzungen und Probleme

GRIN Verlag

Bibliografische Information der Deutschen Nationalbibliothek:

Die Deutsche Bibliothek verzeichnet diese Publikation in der Deutschen National-
bibliografie; detaillierte bibliografische Daten sind im Internet über http://dnb.d-
nb.de/ abrufbar.

Impressum:

Copyright © 2012 GRIN Verlag GmbH
Druck und Bindung: Books on Demand GmbH, Norderstedt Germany
ISBN: 978-3-656-22464-8

Dieses Buch bei GRIN:

http://www.grin.com/de/e-book/194124/empowerment-in-der-sozialpaedagogischen-
familienhilfe-voraussetzungen

GRIN - Your knowledge has value

Der GRIN Verlag publiziert seit 1998 wissenschaftliche Arbeiten von Studenten, Hochschullehrern und anderen Akademikern als eBook und gedrucktes Buch. Die Verlagswebsite www.grin.com ist die ideale Plattform zur Veröffentlichung von Hausarbeiten, Abschlussarbeiten, wissenschaftlichen Aufsätzen, Dissertationen und Fachbüchern.

Besuchen Sie uns im Internet:

http://www.grin.com/

http://www.facebook.com/grincom

http://www.twitter.com/grin_com

Inhaltsverzeichnis

Tabellenverzeichnis

1. Einleitung

1.1 Problemstellung

In den letzten Jahren hat das Konzept des Empowerment innerhalb der sozialen Arbeit an Bedeutung gewonnen. Dieser Ansatz ist darauf ausgerichtet, die Potenziale und Ressourcen der Klienten zu stärken, um dadurch deren autonome Handlungsfähigkeit zu fördern. Das Empowermentkonzept drängt somit den Defizitansatz, der auf die Mängel und Fehler der Klienten fokussiert ist, in den Hintergrund.

Auch im Bereich der sozialpädagogischen Familienhilfe, die in Deutschland nach dem Kinder- und Jugendhilfegesetz zu den Hilfen zur Erziehung gehört, nimmt der Stellenwert des Empowermentkonzepts zu. Um eine effiziente Durchführung dieses Konzept zu erreichen, ist es erforderlich, dessen Problemfelder und Erfolgsfaktoren zu identifizieren. Professionelle Familienhelfer stehen dabei gegebenenfalls vor der Aufgabe, einen neuen Blickwinkel auf die Klienten zu entwickeln und den Hilfeprozess auf den Empowermentansatz auszurichten.

1.2 Fragen zur Arbeit und Verlauf

In der vorliegenden Arbeit wird nun der Frage nachgegangen, welche Voraussetzungen gegeben sein müssen, um das Empowermentkonzept in der sozialpädagogischen Familienhilfe umzusetzen. Gleichsam werden die Faktoren aufgezeigt, die die Durchführung des Konzepts beeinträchtigen können.

Im Folgenden werden zunächst die zentralen Kennzeichen der sozialpädagogischen Familienhilfe dargelegt. Anschließend wird diese von anderen ambulanten Erziehungshilfen abgegrenzt. Nach einer Skizzierung des Forschungsstands zu diesem Thema wird erörtert, mit welchen konkreten Aufgaben die sozialpädagogische Familienhilfe in der heutigen Zeit konfrontiert ist. Im Hauptteil der Arbeit wird das Empowermentkonzept in der sozialpädagogischen Familienhilfe analysiert, wobei dieses Konzept zunächst definiert wird. Daran anknüpfend wird das Empowermentkonzept des Sozialwissenschaftlers Julian

Rappaport, der als Begründer dieses Ansatzes im Bereich der sozialen Arbeit gilt, untersucht. Im weiteren Verlauf werden die Ziele, Klienten und methodische Werkzeuge des Empowermentkonzepts in der sozialpädagogischen Familienhilfe thematisiert. Zum Schluss der Arbeit werden die Probleme und die Erfolgsvoraussetzungen dieses Konzepts diskutiert.

2. Sozialpädagogische Familienhilfe

2.1 Begriff der sozialpädagogischen Familienhilfe

Die sozialpädagogische Familienhilfe ist eine Form der aufsuchenden Familienarbeit, so dass eine sozialpädagogische Fachkraft regelmäßig in die Wohnung einer Familie kommt, um die Familienmitglieder bei der Bewältigung ihrer Probleme zu unterstützen.[1] Ihren Ursprung hatte diese Hilfe in Deutschland Ende der 1960er Jahre im Rahmen der „Berliner Heimkampagne", die darauf ausgerichtet war, kurzfristige Heimunterbringungen von Kindern zu vermeiden, indem Familienhelfer bei Krankheit eines Elternteils den Haushalt weiterführten. Mitte der 1980er Jahre wurde dieser Ansatz bereits von jedem zweiten Jugendamt durchgeführt. Dabei änderte sich das Tätigkeitsfeld der sozialpädagogischen Familienhilfe, da nicht mehr nur haushälterische und materielle Probleme im Vordergrund standen, sondern Beziehungsschwierigkeiten der Eltern, Entwicklungsauffälligkeiten der Kinder und Erziehungsprobleme.

Im Jahr 1991 wurde die sozialpädagogischen Familienhilfe im neuen Kinder- und Jugendgesetz (KJHG) als Pflichtleistung der Jugendhilfe verankert.[2] Gemäß § 31 des KJHG soll die sozialpädagogische Familienhilfe „durch intensive Betreuung und Begleitung Familien in ihren Erziehungsaufgaben, bei der Bewältigung von Alltagsproblemen, der Lösung von Konflikten und Krisen sowie im Kontakt mit Ämtern und Institutionen unterstützen und Hilfe zur Selbsthilfe geben"[3]. Die sozialpädagogische Familienhilfe ist üblicherweise mittel- bis langfristig angelegt

---

[1] Vgl. Wolf (2012), S.145
[2] Vgl. Petko (2004), S.17
[3] Bundesministerium für Familie, Senioren, Frauen und Jugend (2012), im Internet unter: http://www.bmfsfj.de/doku/Publikationen/spfh/1-sozialpaedagogische-familienhilfe-spfh-begriff-und-forschungsueberblick.html

und erfordert die Mitarbeit der Familie. Auf wenn andere Familien nicht explizit ausgeschlossen sind, werden durch die sozialpädagogische Familienhilfe hauptsächlich sozial schwache und oftmals auch kinderreiche Familien betreut.[4]

2.2 Abgrenzung zu anderen Formen der ambulanten Erziehungshilfen

Die folgende Tabelle zeigt die verschiedenen Erziehungshilfen nach dem Kinder- und Jugendhilfegesetz auf, wobei ersichtlich wird, dass es im Bereich der ambulanten Hilfe neben der sozialpädagogischen Familienhilfe noch andere Maßnahmen gibt.

Tabelle 1: Erziehungshilfen nach dem Kinder- und Jugendhilfegesetz

Teilstationäre Hilfen	Stationäre Hilfen	Ambulante Hilfen
- Tagesgruppen § 32	- Vollzeitpflege § 33 - Heimerziehung § 34 - betreute Wohnformen §34	- Erziehungsberatung §28 - Soziale Gruppenarbeit § 29 - Erziehungsbeistand / Betreuungshelfer § 30 - sozialpädagogische Familienhilfe § 31 - intensive sozialpädagogische Einzelbetreuung § 35

Quelle: eigene Darstellung auf Grundlage von Rätz-Heinisch et al. (2009), S.131

Von anderen Formen der ambulanten Erziehungshilfen grenzt sich die sozialpädagogische Familienhilfe dahingehend ab, als dass die gesamte Familie Adressat der Hilfe ist. Sie bezieht sich nicht nur auf Erziehungsthemen, sondern auf sämtliche Probleme der Familie (Wohnsituation, Finanzen, Tages- und Wochenstruktur, Beziehungen der Familienmitglieder untereinander, Krankheiten etc.).[5] Beispielsweise beschränkt sich die Maßnahme eines Erziehungsbeistandes / Betreuungshelfer darauf, Kinder bzw. Jugendliche bei der Bewältigung von Entwicklungsproblemen, wenn möglich unter Einbeziehung des sozialen Umfelds,

---

[4] Vgl. Bundesministerium für Familie, Senioren, Frauen und Jugend (2012), im Internet unter: http://www.bmfsfj.de/doku/Publikationen/spfh/1-sozialpaedagogische-familienhilfe-spfh-begriff-und-forschungsueberblick.html
[5] Vgl. Wolf (2012), S.145

4

zu unterstützen.[6] Im Unterschied zum Erziehungsbeistand orientiert sich die sozialpädagogische Familienhilfe vermehrt an fördernden und erhaltenden Strukturen im Gesamtblickfeld Familie.[7] Die Erziehungsberatung dagegen soll Eltern und ihre Kinder bei der Bewältigung familienbezogener oder individueller Probleme (insbesondere in Fällen von Trennung und Scheidung oder bei der Lösung von Erziehungsfragen) unterstützen.[8]

2.3   Forschungsüberblick

Die sozialpädagogische Familienhilfe wird seit den 1970er Jahren in der Fachliteratur behandelt und diskutiert, wobei es wenige ausführliche Darstellungen gibt. Eine bedeutende Publikation war der Bericht der Berliner Gesellschaft für Sozialarbeit im Jahr 1980, der sich mit den Anfängen und den Erfahrungen des ersten Jahrzehnts auseinandersetzt. Das erste wissenschaftlich begleitete Projekt in Deutschland war das Modellprojekt Kassel, über das ein detaillierter Forschungsbericht vorliegt, der sämtliche interne Strukturprobleme dieser Hilfeart thematisiert. Mitte der 1980er Jahre initiierten das Institut für soziale Arbeit Münster (ISA) und das Sozialpädagogisches Institut Berlin (SPI) jeweils eine empirische Studie.[9] In diesen beiden Studien „ging es um die Erfassung des quantitativen und qualitativen Ausbaus der Sozialpädagogischen Familienhilfe, ihre Finanzierungs- und Organisationsformen, die faktische Qualifikation und die erwünschten Fähigkeiten des Personals, die günstigen bzw. weniger günstigen Bedingungen für den Erfolg und die Desiderate für die fachliche Weiterentwicklung"[10].

Diese Studien gaben Aufschluss darüber, in welchen Fällen die sozialpädagogische Familienhilfe erfolgsversprechend bzw. nicht erfolgsversprechend ist. Zu positiven Effekten führt sie vor allem, wenn die

---

[6] Vgl. Gastiger / Winkler (2008), S.303 f
[7] Vgl. Korsalke (2009), S.22
[8] Vgl. Gastiger / Winkler (2008), S.303 f
[9] Vgl. Bundesministerium für Familie, Senioren, Frauen und Jugend (2012), im Internet unter: http://www.bmfsfj.de/doku/Publikationen/spfh/1-Sozialpaedagogische-familienhilfe-spfh-begriff-und-forschungsueberblick/1-3-stand-der-forschung.html
[10] Bundesministerium für Familie, Senioren, Frauen und Jugend (2012), im Internet unter: http://www.bmfsfj.de/doku/Publikationen/spfh/1-Sozialpaedagogische-familienhilfe-spfh-begriff-und-forschungsueberblick/1-3-stand-der-forschung.html

Rahmenbedingungen durch erzieherische Überforderung der Eltern, durch entwicklungsbedingte (Schul-) Schwierigkeiten der Kinder und durch Beziehungsprobleme zwischen Erwachsenen und Kindern gekennzeichnet sind. Nicht erfolgsversprechend ist die sozialpädagogische Familienhilfe dagegen, wenn gesundheitliche und wirtschaftliche Familienprobleme dominant sind sowie bei Vorherrschen komplexer familiärer Desorganisation.[11]

2.4 Aufgaben der sozialpädagogischen Familienhilfe in der heutigen Zeit

Die sozialpädagogische Familienhilfe ist dadurch gekennzeichnet, dass sozialpädagogische Familienhelfer die Familie regelmäßig zuhause besuchen, wobei die durchschnittliche wöchentliche Besuchszeit im Bereich von zehn bis 15 Stunden angesiedelt ist. Somit ist eine vollzeitlich angestellte Fachkraft in der Lage, nur insgesamt zwei Familien zu begleiten. Die Familienhelfer erleben bei ihren Besuchen vor Ort die vorliegenden Probleme unmittelbar und können gemeinsam mit den Familien nach adäquaten Lösungen suchen, wobei den Familien die Verantwortung für die Bewältigung ihrer Probleme nicht abgenommen wird. Wie angedeutet sind die Problemlagen der Familien vielfältig. Sie reichen „von Erziehungsproblemen über Partnerschaftskonflikte, Verwahrlosung, Wohnungs- und Arbeitsproblemen bis hin zu Drogenabhängigkeit und Missbrauchsproblematiken"[12]. Nur in seltenen Fällen besteht bereits zu Beginn der Maßnahme Klarheit darüber, an welchen Problemlagen die sozialpädagogische Familienhilfe letztlich arbeiten wird.[13] Wenn Kinder beispielsweise durch Retadierung, Sprachrückstände, Aggressionen oder Bettnässen auffallen, kann die sozialpädagogische Familienhilfe die geeignete Interventionsmaßnahme sein, da die Schwierigkeiten der Kinder im Kontext der Familie betrachtet werden und sich eine Stärkung der Eltern positiv auf die Situation der Kinder auswirken kann.[14]

Generell erfolgt die sozialpädagogische Familienhilfe auch vor dem Hintergrund, dass Familien heutzutage durch die gesellschaftlichen Individualisierungs- und Pluralisierungsprozesse in eine vielschichtige, risikobehaftete Situation geraten.

---

[11] Vgl. Woog (2006), S.32
[12] Petko (2004), S.20
[13] Vgl. Petko (2004), S.20
[14] Vgl. Helming (2002), S.66

6

Zu den Herausforderungen, denen sich Familien zunehmend konfrontiert sehen, gehören u.a. die Vermittlung eines tragfähigen Wertesystems (angesichts einer Pluralisierung von Wertvorstellungen), Schul- und Berufswahl vor dem Hintergrund eines Bedeutungszuwachses von Bildung sowie ein kompetenter Umfang mit den Angeboten der Konsum- und Medienwelt. Dementsprechend gibt es eine zunehmende Komplexität der Lebenslagen, die dazu führt, dass viele Familien die vielschichtigen Erziehungs- und Sozialisationsaufgaben nicht angemessen bewältigen können. Problematisch ist, dass viele Familien häufig am Rande von Krisen leben, jedoch nicht über geeignete Ressourcen und Strategien verfügen, um aufbrechende Krisen bewältigen zu können.[15]

3. Das Empowermentkonzept in der sozialpädagogischen Familienhilfe

3.1 Definition und Kernaussagen des Empowermentkonzeptes

Der Wortstamm des englischen Substantivs „Empowerment" ist „power", das bekanntermaßen mit Kraft und Macht übersetzt werden kann. Das Präfix „em-" erweitert das Wort „power" dahingehend, dass „dadurch auf eine Kraft hingewiesen wird, die ein Objekt auf bzw. in einen spezifischen Stand bringen kann"[16]. Das Verb „to empower" bedeutet somit, ein Individuum zu ermächtigen, etwas zu tun. Im Kontext der sozialen Arbeit stellt Empowerment eine psychosoziale Praxis dar, die zum Ziel hat, Individuen eine Vielzahl an Ressourcen für ein gelingendes Lebensmanagement zur Verfügung zu stellen.

Die Individuen sollen dabei bei Bedarf auf diese Ressourcen zurückgreifen können, um Lebensstärke sowie Kompetenz zur Selbstgestaltung der Lebenswelt zu gewinnen.[17] Generell kann zwischen verschiedene Ressourcenarten unterschieden werden. So gibt es materielle und instrumentelle Ressourcen (Einkommen, Arbeit, Wohnung, Gebrauchsgüter, Wissen, Zeit etc.), körperliche, kognitive und psychomotorische Ressourcen (Gesundheit, Vitalität, Denkvermögen, Konzentrationsfähigkeit, Motorik etc.), psychische Ressourcen

---

[15] Vgl. Gaffron (2002), S.7 ff
[16] Pankofer (2000), S.8
[17] Vgl. Pankofer (2000), S.8

(Lernfähigkeit, Kreativität, Interessen, Selbstkontrolle, Verantwortungsgefühl etc.), soziale Ressourcen (Kontakte, Netzwerke, Liebe, Anerkennung, Sicherheit etc.) und kulturelle Ressourcen (Erziehung, Bildung, Werte, Traditionen, Sprache etc.).[18]

Es ist hervorzuheben, dass die Ressourcen im Empowermentkonzept durch die Familienhelfer nicht einfach gegeben werden können. Vielmehr muss ein Empowermentprozess initiiert werden, der von den Klienten aktiv angenommen werden muss und letztlich ohne Zutun der Professionellen abläuft.[19] Innerhalb des Konzepts des Empowerment wird den Klienten zugerechnet, dass sie an den Entscheidungen über Maßnahmen, die sie betreffen, partizipieren und auch an deren Verwirklichung aktiv und kritisch beteiligt sind. Eine derartige Strategie des Empowerments beschränkt sich nicht darauf, formale Beteiligungsangebote zu offerieren, sondern sie muss vielmehr auch die Bedingungen der Möglichkeit zur Teilnahme bereitstellen. Das Empowermentkonzept folgt einem humanistischen Menschenbild, das Entwicklung und Veränderung für möglich hält.[20]

Die im Empowermentkonzept wesentliche Ressourcenarbeit beschränkt sich nicht nur darauf, den Klienten zu helfen, Ressourcen zu beschaffen. Vielmehr sollen vorhandene und verschüttete Ressourcen wieder aufgegriffen bzw. freigelegt werden. Für Familienhelfer bedeutet dies, sich mit den Klienten über deren Interessen, Wünsche, Kompetenzen oder Sehnsüchte auszutauschen.[21] Empowerment wirkt dem Kontrollverlust, der oftmals bei Klienten der sozialen Arbeit anzutreffen ist, entgegen, was sich auch positiv auf die psychosoziale Gesundheit der Klienten auswirken kann. Empirische Untersuchungen haben ergeben, dass bereits das Gefühl der Kontrolle und Kontrollierbarkeit von sozialen Umständen einen stressreduzierenden und gesundheitsfördernden Effekt haben.[22]

---

[18] Vgl. Miller (2000), S.30
[19] Vgl. Buchholz-Graf (2002), im Internet unter: http://www.sgbviii.de/S114.html
[20] Vgl. Marx (2011), S.232
[21] Vgl. Buchholz-Graf (2002), im Internet unter: http://www.sgbviii.de/S114.html
[22] Vgl. Stark (1996), S.114 f

3.2 Das Empowermentkonzept nach Rappaport

Rappaport betont, dass es im Rahmen des Empowermentkonzepts erforderlich ist, dass politische und gesellschaftliche Rollenverständnis bezüglich bedürftiger Menschen in Frage zu stellen. Durch das Empowerment-Konzept sollen Menschen nicht mehr länger als „Kinder in Not" oder „Bürger mit Rechten" betrachtet werden, sondern stets als menschliche Wesen, die Rechte und vor allem Bedürfnisse haben. Die verbrieften Rechte würden für die betroffenen Menschen keinen Sinn machen, wenn sie nicht durch Ressourcen ergänzt werden. Im Bereich der sozialen Arbeit sind Rappaport zufolge zwei Sichtweisen dominierend, nämlich eine Perspektive auf die Bedürfnisse und eine Perspektive auf die Rechte der Klienten. Rappaport sieht die Bedürftigkeitsperspektive lediglich als geeignete Lösungsstrategie in der Prävention an, während die rechtliche Perspektive in der anwaltschaftlichen Arbeit vorherrschend sei. Denn die Betonung der Bedürfnisse bzw. der Bedürftigkeit kann eine „fürsorgliche Belagerung" nach sich ziehen, in deren Rahmen Klienten tendenziell wie Kinder behandelt werden.   Rappaport spricht sich stattdessen für einen anderen Lösungsansatz aus, nämlich für ein dialektisches Vorgehen und für vielfältige Lösungen: „Soziale Probleme [haben] grundsätzlich keine endgültigen Lösungen, nicht einmal zu einem gegebenen Zeitpunkt; divergente, dialektische Probleme müssen viele Lösungen haben, die sich mit den jeweiligen Strömungen verändern"[23]. Die Zielsetzung der Maßnahmen soll gemäß Rappaport darin liegen, dass für Menschen die Möglichkeiten erweitert werden, ihr Leben zu bestimmen. Somit soll der Gestaltungsraum der Menschen vergrößert werden und nicht auf vorgefertigte, expertendefinierten Lösungen zurückgegriffen werden.[24]

---

[23] Rappaport (1985), S.264
[24] Vgl. Rappaport (1985), S.264 ff

9

3.3 Ziele, Klienten und methodische Werkzeuge des Empowermentkonzepts in der sozialpädagogischen Familienhilfe

Ganz grundsätzlich bezieht sich das Empowermentkonzept nicht nur auf ein bestimmtes Klientel, das von der sozialen Arbeit hierzu als „fähig" erachtet wird.[25] Typischerweise befinden sich die Klienten in einem Prozess der Demoralisierung, die sich darin ausdrückt, dass die Klienten keinen Sinn mehr darin sehen, sich für oder gegen etwas einzusetzen. Sie lassen die Ereignisse fatalistisch auf sich zukommen und glauben nicht mehr daran, dass sie wirksam etwas gegen diese Ereignisse unternehmen können.[26] Das Empowermentkonzept in der sozialpädagogischen Familienhilfe ist darauf ausgerichtet, Familien zu unterstützen, eigene Lebensziele wiederzufinden. Die Ziele sollten dabei nicht von den staatlichen Behörden formuliert werden, sondern von den Familien und zwar auf einer realistischen, erreichbaren Ebene. Auf eine kurze Formel gebracht bedeutet das Empowermentkonzept Wertschätzung, Entlastung und Herausforderung. Auf der Grundlage von Wertschätzung soll die sozialpädagogische Familienhilfe dazu beitragen, das Familiensystem in seinen alten und blockierenden Strukturen herauszufordern. Gleichsam soll den Familien Entlastung gegeben werden, beispielsweise durch die Möglichkeit intensiver Gespräche, durch Organisation von Unterstützungssystemen oder durch Verstärkung der Fähigkeit, Probleme auf weniger destruktive Weise zu lösen.[27] Somit orientiert das Empowermentkonzept in der sozialpädagogischen Familienhilfe seine „Methoden daran, wie Kinder, Jugendliche, Eltern und Familien zu einer aktiven und selbstbestimmten Problem- und Konfliktbearbeitung befähigt werden können"[28].

Die Familienhelfer stehen somit vor der Aufgabe, den betreffenden Familien aufzuzeigen, über welche Ressourcen sie verfügen und wie diese Ressourcen sinnvoll eingesetzt werden können, um schließlich immer mehr Kontrolle über das

---

[25] Vgl. Stark (1996), S.16
[26] Vgl. Bundesministerium für Familie, Senioren, Frauen und Jugend (2012), im Internet unter:
http://www.bmfsfj.de/doku/Publikationen/spfh/9-Theoretische-grundlagen/9-2-empowerment-statt-praevention-das-konzept-des-empowerments-in-der-sozialpaedagogischen-familienhilfe,seite=4.html
[27] Vgl. Schattner (1994), S.26
[28] Marx (2011), S.232

eigene Leben und dessen Bedingungen neu- bzw. wiederzugewinnen.[29] Demnach ist es in methodischer Hinsicht sinnvoll, wenn die Familienhelfer mit den Familien zusammen einschätzen, in welchen Bereichen sie sich welchen Einfluss zutrauen. Hierfür bieten sich Diagnose-Fragebögen an, die vor allem folgende Bereiche berücksichtigen: Haushalt, Erziehung, Gesundheit der Eltern, Gesundheit der Kinder, Lebensperspektiven, Umgang mit Behörden, finanzielle Lage, soziale Kontakte und Zufriedenheit mit dem Leben.

Aus einer derartigen differenzierten Einschätzung resultiert ein Profil der Kontrollüberzeu-gungen für jedes Familienmitglied. Dementsprechend herrscht Klarheit darüber, in welchen Bereichen ein hinreichender Einfluss der Familienmitglieder besteht und in welchen Bereichen die Familienmitglieder keine autonomen Handlungsmöglichkeiten sehen. Hierauf aufbauend können die Familienhelfer gemeinsam mit der Familie Pläne zur weiteren Vorgehensweise entwickeln. Ferner gehört zu den methodischen Werkzeugen des Empowerments, dass die Familienhelfer gemeinsam mit den Klienten überlegen, wie auch mit Hilfe von anderen Menschen ein neuer Einfluss möglich wird. Beispielsweise können Überlegungen erfolgen, wer ein widerstrebendes Kind eleganter beeinflussen kann als die Mutter, die sich eventuell festgefahren hat bei der Bearbeitung der Schulprobleme des Kindes.[30]

3.4 Probleme bei der Durchführung des Empowermentkonzepts in der sozialpädagogischen Familienhilfe

Probleme bei der Durchführung des Empowermentkonzepts bestehen sowohl auf Ebene der hilfsbedürftigen Familie als auch bei den Familienhelfern.

Ein Problem auf Seiten der Familie ist in einer nicht vorhandenen Motivation zu sehen. Auch wenn die beteiligte Familie formell in das Hilfsangebot einwilligt, ist nicht gewährleistet, dass bei der Familie eine Veränderungsbereitschaft vorherrscht. Dabei muss betont werden, dass es bei der sozialpädagogischen Familienhilfe um einer vom Amt initiierte Hilfe für die Familie und somit um eine aufgedrängte Hilfe handelt. So tritt das Amt zunächst in seiner staatlichen

---

[29] Vgl. Stark (1993), S.42
[30] Vgl. Wolf (2012), S.189 ff

Wächterfunktion mit der Botschaft auf, dass die Kinder nicht adäquat gepflegt oder erzogen werden.

Formell gesehen muss zwar die Familie die sozialpädagogische Familienhilfe beantragen, doch wird diese Hilfe oftmals mit Nachdruck offeriert. Die Familie befindet sich somit in einem Spannungsfeld von Hilfe und Kontrolle, wobei das Gefühl, kontrolliert zu werden, die Motivation tendenziell herabsetzt.[31] In diesem Kontext ist zu berücksichtigen, dass viele Familien, die mit dem Empowermentkonzept in Kontakt kommen, bereits viele institutionelle Maßnahmen durchlaufen haben. So haben viele Familien bzw. Familienangehörige eine „Erfahrungsgeschichte hinter sich, in der die erlernte Fügsamkeit in die von den Experten gesetzten Interaktionsregeln (compliance) und der Glaube an die Legitimität der Expertenmacht (Legitimitätsglaube) in ihrer Wahrnehmung ein festes Bündnis eingegangen sind"[32]. Der Empowermentansatz der Familienhelfer kann nun die Erwartungen, die durch diese Erfahrungsgeschichte erzeugt werden, enttäuschen und bei den Adressaten Verunsicherungen und Abwehrhaltungen hervorrufen. Denn die zu erlernende Freiheit zur Selbst-bestimmung kann für die Klienten angsteinflößend sein.[33]

Hilfebedürftigkeit kann generell leicht dazu führen, dass Familien Verantwortung an die Familienhelfer abgeben. So besteht oftmals die Tendenz, dass Familien die Überwindung ihrer Resignation an die Anwesenheit der Familienhelfer knüpfen und dadurch abhängig werden von deren Unterstützung.[34] Häufig nehmen Familien Lösungsvorschläge zunächst bereitwillig auf, da sie den Familienhelfern einen Gefallen tun wollen, die Beziehung zu den Helfern nicht gefährden oder sich als lernfähig darstellen wollen.[35] Den Familienhelfern gelingt es dabei, aufgrund ihrer Überzeugungskraft die Familie zunächst zum „Mitmachen" zu bewegen. Doch auch wenn bei der Familie eine Akzeptanz für die Maßnahme vorherrscht,

---

[31] Vgl. Buchholz-Graf (2002), im Im Internet unter: http://www.sgbviii.de/S114.html
[32] Herringer (2006), S.212
[33] Vgl. Herringer (2006), S.212
[34] Vgl. Bundesministerium für Familie, Senioren, Frauen und Jugend (2012), im Internet unter: http://www.bmfsfj.de/doku/Publikationen/spfh/9-Theoretische-grundlagen/9-2-empowerment-statt-praevention-das-konzept-des-empowerments-in-der-sozialpaedagogischen-familienhilfe,seite=2.html
[35] Vgl. Bundesministerium für Familie, Senioren, Frauen und Jugend (2012), im Internet unter: http://www.bmfsfj.de/doku/Publikationen/spfh/9-Theoretische-grundlagen/9-2-empowerment-statt-praevention-das-konzept-des-empowerments-in-der-sozialpaedagogischen-familienhilfe,seite=4.html

besteht die Gefahr, dass die Familie in ihrer Passivität beharrt.[36] Dies zeigt sich bei den Klienten darin, dass sie sich nicht selbständig mit ihren Sorgen und Alltagsnöten auseinandersetzen, sondern alles, was es zu regeln gibt, in den Termin mit dem Familienhelfer kanalisieren. Da die Klienten mit dem Familienhelfer einen verlässlichen Gesprächspartner haben, der üblicherweise die Fähigkeit zu Akzeptanz und Empathie aufweist, sinkt die Bereitschaft, wichtige Kontakte mit anderen Menschen zu knüpfen.[37]

Ein Umsetzungsproblem von Empowerment in der sozialpädagogischen Familienhilfe ist darin zu sehen, dass die Familienhelfer dieses Konzept nicht erfassen können, was an der Unschärfe dieses Ansatzes begründet sein könnte. Denn die Vertreter dieses Ansatzes betonen, dass das Empowermentkonzept eine Haltung ist und nicht unbedingt eine stringente Methodik aufweist. Für Familienhelfer besteht das Problem, dass sie mit der Umsetzung dieser Philosophie weitgehend alleine gelassen werden.[38]

Eine weitere große Schwierigkeit für die Familienhelfer besteht darin, die Verantwortung bei den Familien zu lassen. Selbst wenn für Familienhelfer ein bestimmter Weg sinnvoll und nachvollziehbar erscheint, kann eine Familie diesen Weg – aus welchen Gründen auch immer – ablehnen. Eine allzu starke Identifikation der Familienhelfer mit den eigenen Normen und Vorstellungen führt vielfach dazu, die Verantwortung von Familien in die eigene Verantwortung umzudeuten und von den Familien enttäuscht zu sein. Die Familienhelfer unterlassen es dabei häufig, nachzufragen, warum der vorgeschlagene Weg in dieser Familie nicht funktioniert hat. Auch besteht die Gefahr, dass es Familienhelfer bei Scheitern eines vorgeschlagenen Weges bewusst oder unbewusst unterlassen, mit der Familie weitere Lösungswege zu erarbeiten.[39]

---

[36] Vgl. Stark (1996), S.55
[37] Vgl. Buchholz-Graf (2002), im Im Internet unter: http://www.sgbviii.de/S114.html
[38] Vgl. Pankofer (2000), S.18
[39] Vgl. Bundesministerium für Familie, Senioren, Frauen und Jugend (2012), im Internet unter: http://www.bmfsfj.de/doku/Publikationen/spfh/9-Theoretische-grundlagen/9-2-empowerment-statt-praevention-das-konzept-des-empowerments-in-der-sozialpaedagogischen-familienhilfe,seite=4.html

3.5 Voraussetzungen und Ergebnisse einer erfolgreichen Empowermentarbeit

Innerhalb der Familien und somit bei jedem einzelnen Familienmitglied muss eine Basis für Veränderungen vorherrschend sein, da sonst der Erfolg der Empowermentarbeit stark gefährdet ist.[40] Ohnehin ist die gesamte sozialpädagogische Familienhilfe besonders dann für Familien geeignet, wenn diese ihre Alltagssituation als sehr belastend erfahren und diese aktiv verändern wollen.[41]

Bei der Konzipierung von empowermentbezogenen Handlungsplänen und Zielen für die betreffende Familie ist es wichtig, dass realistische Ziele formuliert werden. Pauschale und umfassende Veränderungsziele sind daher eher ungeeignet.[42] Vielmehr kommt es darauf an, in „kleinen, gut überschaubaren Feldern kurzfristig positive Kontrollerfahrungen zu ermöglichen und entsprechende Situationen zu arrangieren"[43].

Eine wichtige Voraussetzung für eine erfolgreiche Empowermentarbeit ist auf Seiten der Familienhelfer, dass sie eine richtige Mischung aus Nähe und Distanz zur Familie aufbauen. So ist es wichtig, dass die Familienhelfer ein Mitgefühl für die Familien entwickeln. Gleichsam gehört es zur Professionalität, die eigene Identifikation dahingehend kritisch zu reflektieren, ob man den Familien ihre autonomen Handlungsspielräume lässt. Erfolgsversprechend ist, Ideen zur Lösung zur Verfügung zu stellen anstatt fertige Antworten für den einzig richtigen Weg anzubieten. Dies lässt sich anhand eines Beispiels verdeutlichen. So ist der Satz „Wenn Sie sich die Hausarbeit teilen, ist es möglicherweise leichter, mit dem Chaos fertig zu werden" pädagogisch sinnvoller als „Sie müssen die Hausarbeit teilen, dann werden Sie mit dem Chaos fertig".[44]

---

[40] Vgl. Bundesministerium für Familie, Senioren, Frauen und Jugend (2012), im Internet unter: http://www.bmfsfj.de/doku/Publikationen/spfh/9-Theoretische-grundlagen/9-2-empowerment-statt-praevention-das-konzept-des-empowerments-in-der-sozialpaedagogischen-familienhilfe,seite=2.html
[41] Vgl. Korsalke (2009), S.22 f
[42] Vgl. Wolf (2012), S.190
[43] Wolf (2012), S.190
[44] Vgl. Bundesministerium für Familie, Senioren, Frauen und Jugend (2012), im Internet unter: http://www.bmfsfj.de/doku/Publikationen/spfh/9-Theoretische-grundlagen/9-2-empowerment-statt-praevention-das-konzept-des-empowerments-in-der-sozialpaedagogischen-familienhilfe,seite=4.html

Eine erfolgreiche Empowermentarbeit drückt sich vor allem darin aus, dass die Familienmitglieder positive, neue Kontrollerfahrungen auf andere, bisher als unkontrollierbar betrachtete Felder übertragen. Vor allem wenn es gelingt, die Zuversicht der Klienten zu stärken, kann dies in einer Aneignung von Fähigkeiten und Erfahrungen, die langfristig als intrapersonale Ressourcen erhalten bleiben, münden. Dementsprechend kann die Empowermentarbeit als erfolgreich bezeichnet werden, wenn die Klientin auch nach der Intervention des Familienhelfers in der Lage sind, die wiedergewonnenen Ressourcen zu bewahren und bei Bedarf einzusetzen.[45]

Woog (2006) hält es für erforderlich, dass sich die Familienhelfer im Falle eines Stabilisierens der erreichten Stärken langsam von der Familie ablösen. In dem Maße, in dem die Familie wächst, sollten sich die Familienhelfer zurücknehmen. Dabei treten die Unterstützung und Förderung zugunsten der Begleitung in den Hintergrund. Somit erfolgt eine immer geringer werdende Einmischung in der Familie. Durch ein reduziertes Kommen des Familienhelfers haben die Familienmitglieder die Gelegenheit, das Erlernte anzuwenden und zu üben.[46]

4. Fazit

Es hat sich gezeigt, dass Empowerment ein geeigneter Ansatz für die sozialpädagogische Familienhilfe ist. So ist bereits in der Definition der sozialpädagogischen Familienhilfe im Kinder- und Jugendgesetz enthalten, dass Hilfe zur Selbsthilfe gegeben werden soll. Diese Ausrichtung korrespondiert mit dem Empowermentkonzept. Im Idealfall verhilft das Empowermentkonzept den Klienten dazu, Passivität, Demoralisierung und Resignation zu überwinden und größtmögliche Kontrolle über sämtliche Lebensbereiche zu erlangen.

Das Verfolgen des Empowermentkonzepts stellt sowohl die Familienhelfer als auch die Klienten vor neue Herausforderungen. Vor allem bei Klienten, die schon jahre- oder sogar jahrzehntelang von den staatlichen Institutionen traditionelle Hilfsmaßnahmen erfahren haben, ist es eine große Umstellung, dass nunmehr ein hohes Maß an autonomer Handlungsfähigkeit und Rückgriff auf eigene

---

[45] Vgl. Wolf (2012), S.192 ff
[46] Vgl. Woog (2006), S.201

Ressourcen erarbeitet werden soll. Für Familienhelfer wiederum stellt sich die Aufgabe, eine neue Perspektive auf die Klienten einzunehmen und neue Handlungs- und Gesprächsmethodiken zu entwickeln. So sollten sich die Familienhelfer nicht mehr darauf fokussieren, was den betreffenden Familien fehlt, sondern darauf, was sie bereits haben bzw. was mit den vorhandenen Ressourcen möglich ist.

Auch wenn das Empowermentkonzept augenscheinlich prädestiniert ist für einen Einsatz in der sozialpädagogischen Familienhilfe, stellt sich die Frage, ob dieses Konzept tatsächlich bei allen hilfsbedürftigen Familien angemessen ist. Denn es erscheint denkbar, dass gewisse Fähigkeiten und Charaktereigenschaften von Nöten sein könnten, um eine aktivierende Hilfe überhaupt umsetzen zu können. In Bezug auf diesen Aspekt besteht augenscheinlich noch erheblicher Forschungsbedarf.

5. Literaturverzeichnis

Buchholz-Graf, Wolfgang (2002) Eine Perspektive für die benachteiligte Familie – die SPFH bewährt sich. Im Internet unter: http://www.sgbviii.de/S114.html; zugegriffen am 22.3.2012

Bundesministerium für Familie, Senioren, Frauen und Jugend (2012) Sozialpädagogische Familienhilfe (SPFH): Über das Projekt „Sozialpädagogische Familienhilfe in der Bundesrepublik . Deutschland". Im Internet unter: http://www.bmfsfj.de/doku/Publikationen/spfh/einleitung.html; zugegriffen am 18.3.2012

Gaffron, Katrin (2002) Förderung der Alltagskompetenz junger Familien. Evaluation eines Modellprojektes in Berlin-Mitte. Im Internet unter: http://www.berlin.de/imperia/md/content/bamitte/publikationen/ges//beitraege_gf_g be_md5_gaffron.pdf; zugegriffen am 20.3.2012

Gastiger, Sigmund / Winkler, Jürgen (2008) Gesetzestexte für Soziale Arbeit. Studienausgabe I. Kinder-, Jugend- und Familienhilfe. Lambertus Verlag. Freiburg

Helming, Elisabeth (2002) Indikation in der Sozialpädagogischen Familienhilfe. In: Fröhlich-Gildhoff (Hrsg.) (2002) Indikation in der Jugendhilfe. Grundlagen für die Entscheidungsfindung in Hilfeplanung und Hilfeprozess. Juventa Verlag. Weinheim, S.53-76

Herringer, Norbert (2006) Empowerment in der Sozialen Arbeit. 3. Auflage. Verlag W. Kohlhammer. Stuttgart

Korsalke, Dieter (2009) Sozialpädagogische Fallanalyse und Bericht. Ein Modell für Fallanalyse und Berichte in Erziehungsbeistandschaften und sozialpädagogischen Familienhilfen. Verlag Books on Demand. Norderstedt

Marx, Rita (2011) Familien und Familienleben. Grundlagenwissen für Soziale Arbeit. Juventa Verlag. Weinheim

Miller, Tilly (2000) Kompetenzen, Fähigkeiten, Ressourcen: Eine Begriffsbestimmung. In: Miller, Tilly / Pankofer, Sabine (Hrsg.) (2000) Empowerment konkret. Handlungsentwürfe und Reflexionen aus der psychosozialen Praxis. Verlag Lucius & Lucius. Stuttgart, S.23-32

Pankofer, Sabine (2000) Empowerment – eine Einführung. In: Miller, Tilly / Pankofer, Sabine (Hrsg.) (2000) Empowerment konkret. Handlungsentwürfe und Reflexionen aus der psychosozialen Praxis. Verlag Lucius & Lucius. Stuttgart, S.7-22

Petko, Dominik (2004) Gesprächsformen und Gesprächsstrategien im Alltag der Sozialpädagogischen Familienhilfe. Cuvillier Verlag. Göttingen

Rätz-Heinisch, Regina / Schröer, Wolfgang / Wolff, Mechthild (2009) Lehrbuch Kinder- und Jugendhilfe. Grundlagen, Handlungsfelder, Strukturen und Perspektiven. Juventa Verlag. Weinheim

Rappaport, Julian (1985) Ein Plädoyer für die Widersprüchlichkeit: Ein sozialpolitisches Konzept des „empowerment" anstelle präventiver Ansätze. In: Verhaltenstherapie und psychosoziale Praxis. Ausgabe 2/1985, S.257-278

Schattner, Heinz / Helming, Elisabeth / Blüml, Herbert (1994) Sozialpädagogische Familienhilfe in Bayern. Deutsches Jugendinstitut. München

Stark, Wolfgang (1993) Die Menschen stärken. Empowerment als neue Sicht auf klassische Themen von Sozialpolitik und sozialer Arbeit. In: Blätter der Wohlfahrtspflege. Ausgabe 2/1993, S. 41-44

Stark, Wolfgang (1996) Empowerment. Neue Handlungskompetenzen in der psychosozialen Praxis. Lambertus Verlag. Freiburg

Wolf, Klaus (2012) Sozialpädagogische Interventionen in Familien. Beltz Verlag. Weinheim

Woog, Astrid (2006) Soziale Arbeit in Familien. Theoretische und empirische Ansätze zur Entwicklung einer pädagogischen Handlungslehre. Juventa Verlag. Weinheim

Lightning Source UK Ltd.
Milton Keynes UK
UKHW042141020119
334912UK00001B/125/P